Petra Müller

Gemüse als Beilage alla Petra

33 leckere Rezepte zum Nachkochen

Essen ist ein Bedürfnis,
Genießen ist eine Kunst,
Schlemmen ist eine Leidenschaft

Vor allem zu Fleischgerichten reicht man bei mir zu Hause oft leckeres Gemüse, aber auch Fischgerichte sind in Bezug auf eine Gemüsebeilage keine Kostverächter.

Gemüsebeilagen sind kalorienärmer als Kohlehydratbeilagen und lassen sich hervorragend variieren.

Es ist die richtige Beilage, die einem Menu zu seiner Perfektion verhilft.

INHALT

Gemüse als Beilage alla Petra

ist der 8. Band der Kochbuchreihe „Petras Kochbücher".

Es sind alles, liebevoll ausgewählte Rezepte, von mir selbst kreiert, oder auf meine eigene Art und Weise zubereitet.
Ich bin stets bemüht, neue, ausgefallene Rezeptideen zu entwerfen.
Es sind schnelle und einfache Rezepte, ebenso wie aufwendige und etwas schwierigere Rezepte.
Manche Rezeptideen kann man auch als eigenständiges vegetarisches Gericht genießen.

Für meine Rezepte verwende ich möglichst ausschließlich frische Zutaten, Obst und Gemüse aus dem eigenen Garten oder vom Markt und Kräuter aus dem Garten oder aus dem Kräutertopf. Natürlich kann man diese auch gut durch getrocknete Kräuter ersetzen.

Die Grundbegriffe der Kochkunst werden vorausgesetzt. Alles Obst, Gemüse, Fleisch und Fisch ist vor der Verwertung zu waschen und zu putzen.

Die meisten Rezepte sind für 4 Personen konzipiert.

Evita

Tania

Zutaten

2 kleine Auberginen
Salz, Pfeffer aus der Mühle
Olivenöl
3 Fleischtomaten
250 g Mozzarella
50 g Parmesankäse
Basilikum, Petersilie
2-3 EL Mehl
200 ml Milch
1 TL körnige Gemüsebrühe
Muskatnuss

1 - Auberginen-Gratin

Zubereitung

Auberginen in Scheiben schneiden, salzen und etwas ziehen lassen, danach auf Küchenkrepp abtropfen lassen.
Auberginenscheiben in einer Pfanne in heißem Olivenöl auf beiden Seiten braten, bis sie beginnen Farbe anzunehmen.

Tomaten und Mozzarella in Scheiben schneiden, Parmesankäse reiben, Petersilie und Basilikum hacken.

In einem kleinen Topf etwas Olivenöl erhitzen, Mehl hinein rühren und unter dauerndem Rühren anschwitzen. Milch und 200 ml Wasser dazu gießen, dabei kräftig weiter rühren.
Mit Brühwürze, Muskatnuss, Salz und Pfeffer abschmecken. Gehackte Kräuter hinein streuen und einmal kurz aufkochen lassen bis eine dickliche Sauce entstanden ist.

Die Hälfte der Sauce in eine geölte Auflaufform geben. Auberginen, Tomaten und Mozzarella schuppenartig darin anordnen, salzen.
Die restliche Sauce darüber gießen und mit Parmesankäse bestreuen.

Das Gratin im Backofen bei 200 Grad ca. 35 Minuten backen.

Empfehlung: zu Kurzgebratenem, Grillgerichten, Schnitzel, Lammbraten

2 - Bohnen-Päckchen

Zubereitung

Bohnen putzen, eventuell Fäden abziehen und mit etwas Bohnenkraut in Salzwasser garkochen, so dass sie noch etwas Biss haben, abgießen und abtropfen lassen.

Jeweils ca. 8-10 Bohnen in eine Scheibe Speck einrollen. Speckscheiben eventuell mit Zahnstochern verschließen.

In einer Pfanne etwas Olivenöl und Butter erhitzen und die Bohnenpäckchen darin auf allen Seiten knusprig braten, mit Salz abschmecken und sofort servieren.

Empfehlung: zu Rind, Schwein, Lamm, Wild, gegrilltem Fleisch und Fisch

junge Bohnen mit knusprigem Speck umwickelt, ein Leckerbissen zu jedem Steak

Zutaten

500 g junge grüne Strauchbohnen
Bohnenkraut
150 g sehr dünn geschnittener Südtiroler Speck
Salz
Olivenöl, Butter

weiße Bohnen mit roten Zwiebeln und frischer Petersilie, ein unglaubliches Geschmackserlebnis auf der Zunge

Zutaten

300 g getrocknete weiße Bohnen
600 ml Gemüsebrühe
2 EL Weißweinessig
2 rote Zwiebeln
2 Knoblauchzehen

Dressing:
Saft einer Zitrone
Salz, Pfeffer aus der Mühle
Zucker
diverse Salatgewürze
Petersilie
Olivenöl

3 - Weiße Bohnen

Zubereitung

Bohnen am Vortag in Wasser einweichen. Am nächsten Tag in einem Topf in Gemüsebrühe und Essig so lange kochen, bis sie weich sind, abgießen und abkühlen lassen.

Zwischenzeitlich Zwiebeln halbieren, in Streifen schneiden und die Streifen dritteln. Knoblauchzehen und Petersilie hacken.

Die Zutaten für das Dressing gut mit einem Schneebesen verrühren.
Bohnen mit Zwiebeln, Knoblauch und vorbereitetem Dressing mischen, abschmecken und lauwarm servieren.

Empfehlung: zu Schweinefleisch, Ente und allen Grillgerichten

4 - Blumenkohl mit Käsesauce

Zutaten

ca. 500 g Blumenkohl
1-2 Schalotten
1-2 EL Butter
100 ml Sahne
100 g Frischkäse
100 g Gorgonzola-Käse
1 TL Honig
1 TL Marsala
Salz, Muskatnuss

Zubereitung

Blumenkohl in Röschen teilen und in einem Topf in Salzwasser fast garkochen, abgießen, abtropfen lassen und in eine feuerfeste, gebutterte Auflaufform dekorieren.

Schalotten sehr klein schneiden. In einem Topf etwas Butter zerlassen, Schalotten darin glasig braten. Mit Sahne aufgießen, Frischkäse und Gorgonzola dazu geben und alles unter Rühren schmelzen. Mit Honig, Marsala, Salz und Muskatnuss abschmecken. Es sollte eine zähfließende Sauce entstanden sein.

Die Käsesauce gleichmäßig über den Kohl gießen.

Diesen im Backofen bei 180 Grad ca. 15-20 Minuten überbacken, bis die Sauce beginnt, braun zu werden.

Empfehlung: zu Kurzgebratenem, Frittiertem und Braten

Zubereitung

Brokkoli putzen und dabei an den Röschen entlang nach unten durchteilen, so dass es aussieht, als hätte man einen Baum mit Stamm.
Die Bäumchen in kochendem Salzwasser, je nach Größe, ca. 5-10 Minuten ankochen, so dass sie noch fest sind, sich aber schon mit der Gabel einstechen lassen, aus dem Wasser heben, abtropfen und abkühlen lassen.

Für den Ausbackteig, Mehl mit Weißwein, Mineralwasser, Eiern und Salz gut miteinander verquirlen und ca. 20 Minuten ziehen lassen.

Fett in eine Pfanne geben (ca. 1 cm hoch) und erhitzen.
Die Bäumchen durch den Teig ziehen und im heißen Fett auf beiden Seiten hellbraun braten.

Zitrone in Scheiben schneiden und mit den Bäumchen servieren.

Empfehlung: zu Geflügel, Steaks, Gegrilltem, Kurzgebratenem

5 - Brokkoli-Bäumchen

Zutaten

ca. 500 g Brokkoli
Salz
1 Zitrone zum Servieren

Ausbackteig:
125 g Mehl
50 ml trockener Weißwein
40 ml Mineralwasser mit Kohlensäure
2 Eier
Salz
Fett zum Frittieren

6 - Gefüllte Champignonköpfe

Zutaten

500 g große, frische Champignons
1 kleine Zwiebel
1 Knoblauchzehe
Petersilie
Butter
100 g Crème fraîche
75 g geriebener Bergkäse
Salz, Pfeffer aus der Mühle
Olivenöl

Zubereitung

Aus den Champignons die Stiele durch Drehen entfernen und die Köpfe mit einem Küchentuch vorsichtig abreiben.
Die Stiele in kleine Würfel schneiden.
Zwiebel sehr fein würfeln, Knoblauch und Petersilie hacken und mit den Champignonwürfeln mischen.

Einen Esslöffel Butter in einer beschichteten Pfanne zerlassen und die vorbereitete Masse darin andünsten, vom Herd nehmen, etwas abkühlen lassen.
Crème fraîche und 2 EL des geriebenen Käses unter die Mischung rühren, salzen und pfeffern.

Champignonköpfe mit der Champignonmasse füllen.
Eine Auflaufform mit etwas Butter ausstreichen und die gefüllten Champignons hineinsetzen. Mit Butterflöckchen belegen und mit dem restlichen Käse bestreuen.

Im vorgeheizten Ofen bei 200 Grad ca. 15-20 Minuten überbacken.

Mit etwas Petersilie und Olivenöl dekoriert servieren.

Empfehlung: zu Steaks, Gegrillten und Kurzgebratenem, Schwein, Rind, Pute

Zutaten

4 Chicorée
Salz, Zucker
1 EL Weißweinessig
1 TL Butter
8 Scheiben geräucherter Schinkenspeck
Olivenöl, Butter
ein paar Rosmarinnadeln

7 - Chicorée im Speckmantel

Zubereitung

Einen Topf mit Wasser, Salz, Zucker, Essig und Butter zum Kochen bringen. Chicorée längs halbieren und ins kochende Wasser geben. Solange kochen, bis dieser fast gar ist, herausnehmen und abtropfen lassen.

Jede Chicorée-Hälfte in je eine Scheibe Schinkenspeck einwickeln (eventuell mit einem Zahnstocher feststecken).

Etwas Olivenöl und Butter in einer Pfanne erhitzen, und die Chicorée darin von allen Seiten schön knusprig braten. Kurz vor Ende der Bratzeit ein paar Rosmarinnadeln darüber streuen und servieren.

Empfehlung: zu Frittiertem, Kurzgebratenem, Rindfleisch

8 - Erbsen-Kartoffel-Püree

Zutaten

500 g mehlig kochende Kartoffeln

300 g Erbsen (tiefgekühlt oder aus der Dose)

100-200 ml Milch

Salz

100 g geräucherter Schinkenspeck

2 EL Butter

Zubereitung

Kartoffeln schälen und in Würfel schneiden. Kartoffelwürfel und Erbsen in einem Topf in Salzwasser weichkochen, herausheben und sofort durch die Kartoffelpresse pressen. Milch erwärmen und mit einem Esslöffel Butter und etwas Salz mit einem elektrischen Handrührgerät unter das Kartoffel-Erbsen-Püree rühren.

Zwischenzeitlich Räucherspeck in kleine Würfel schneiden und in einem Esslöffel Butter in einer Pfanne knusprig braten.

Püree mit dem gebrutzelten Speck garniert anrichten.

Empfehlung: zu Wildgerichten, Rindfleisch, Lendchen

Dieses Püree überzeugt alle Püreeliebhaber mit seinem harmonischen und zugleich rustikalen Geschmack.

9 - Fenchel mit Parmesankäse

Zutaten

4 Fenchelknollen
50 g Parmesankäse
Salz
Butter, Olivenöl

Zubereitung

Fenchelknollen, je nach Größe, längs sechsteln oder achteln, dabei das Fenchelgrün beiseitelegen. Parmesankäse reiben.

Die Knollen in einem Topf mit Salzwasser garkochen, abgießen und abtropfen lassen.

In einer Pfanne etwas Butter zerlassen und die Fenchelstücke rundherum kurz schwenken, bis diese etwas Farbe angenommen haben, salzen und auf eine Servierplatte legen, mit Olivenöl beträufeln, mit Parmesankäse und Fenchelgrün dekorieren und sofort servieren.

Empfehlung: zu Geflügel, Braten, Grillgerichten. Kurzgebratenem, Fischgerichten

Zutaten

1000-1200 g diverses Gemüse
(Brokkoli, Blumenkohl, Karotten, Zucchini, Champignons, Sellerie, Schalotten usw.)
Salz
4 Eier
150 g Mehl
120 g Speisestärke
180 ml Bier
Muskatnuss
gemischte getrocknete Kräuter
1 Zitrone
Fett für die Fritteuse

10 - Gemüse im Ausbackteig

Zubereitung

Gemüse in nicht zu große Röschen und Stücke schneiden und im Salzwasser, sortengerecht, bissfest kochen, mit kaltem Wasser abschrecken und auf Küchenkrepp abtrocknen lassen. Champignons, Schalotten und Zucchini müssen nicht gekocht werden, diese roh weiterverwenden.

Eier trennen.
Alles Gemüse kurz in zwei Esslöffeln Mehl wenden.
Aus restlichem Mehl, Speisestärke, Bier, Salz, Muskatnuss, Kräutern und Eigelben einen glatten Ausbackteig herstellen.
Eiweiße sehr steif schlagen und unter den Ausbackteig heben. Den Teig ca. 20 Minuten ruhen lassen.

Frittiertopf oder Fritteuse mit Fett erhitzen.
Gemüse in den Ausbackteig tauchen und sofort in heißem Fett frittieren.

Das fertige Gemüse beim Essen mit Zitronensaft beträufeln.

Empfehlung: zu Fischgerichten, Steaks, Kurzgebratenem, Huhn

Zutaten

300 g Champignons
1 Stange Lauch
2 Karotten
100 g magerer Räucherspeck
Salz
Rosmarinnadeln
Salbeiblättchen
Saft einer halben Zitrone
2 EL Sherry
2 EL Olivenöl
Olivenöl zum Braten

11 - Mariniertes Pfannengemüse

Zubereitung

Champignons halbieren, Lauch in Ringe, Karotten in Scheiben schneiden, Räucherspeck würfeln.

Alle Gemüsesorten und Räucherspeck in eine Schüssel geben und salzen. Salbeiblättchen klein zupfen und zusammen mit den Rosmarinnadeln, über das Gemüse streuen.

Zitronensaft, Sherry und Olivenöl glattrühren und zum Gemüse geben. Dieses gut durchmischen und ca. eine Stunde ziehen lassen.

In einer großen beschichteten Pfanne etwas Olivenöl erhitzen und das Gemüse darin braten, bis es gar ist.

Empfehlung: zu allen Fleisch-und Fischgerichten

12 - Grünkohl mit Speck

Zutaten
500 g Grünkohl
1 Zwiebel
2 EL Schweineschmalz
ca. 250 ml Gemüsebrühe
100 g durchwachsener Räucherspeck

ein deftiges, fast vergessenes Wintergemüse, aber zugleich sehr schmackhaft

Zubereitung

Die Blätter des Grünkohls von den Stielen abstreifen. In einem Topf in kochendem Salzwasser ca. 3 Minuten kochen, abgießen, mit kaltem Wasser abschrecken und abtropfen lassen. Danach mit einem Messer grob hacken.

Zwischenzeitlich Zwiebel und Speck in Würfel schneiden.

Schweineschmalz in einem Topf erhitzen, Zwiebel- und Speckwürfel darin anbrutzeln, Grünkohl dazu geben, kurz mit braten, mit Brühe aufgießen, salzen und pfeffern.

Zugedeckt bei milder Hitzezufuhr schmoren bis der Kohl gar ist, ca. 30-45 Minuten.

Empfehlung: zu Würsten, gekochtem Fleisch, Bratengerichten

13 - Glasierte Marsala-Karotten

Zutaten

500 g Karotten
1 kleine Zwiebel
2 EL Olivenöl
1 TL Butter
2-3 EL Zucker
75-100 ml Marsala
Salz, Pfeffer aus der Mühle
Petersilie

Zubereitung

Karotten in Scheiben und Zwiebel in kleine Würfel schneiden, Petersilie hacken.

Butter und Olivenöl in einer beschichteten Pfanne zerlassen. Zwiebelwürfelchen darin glasig braten, Karotten dazu geben und etwas mit braten.
Mit Zucker bestreuen und diesen unter gelegentlichem Rühren mit den Karotten karamellisieren.
Mit Marsala aufgießen, salzen und gar köcheln, bis die Karotten weich sind und die Flüssigkeit nahezu verdampft ist (eventuell kurzzeitig einen Deckel auflegen).
Karotten vom Herd nehmen.

Petersilie hacken und unter die Karotten mischen. Mit Salz und Pfeffer abschmecken.

Empfehlung: zu Wild, Lamm, Schweine-und Rinderbraten, Kaninchen, Frittiertem

Marsala-Karotten, im Geschmack fein abgestimmt, können auch bei großen Menus punkten.

Zutaten

4 Kohlrabis
1 Knoblauchzehe
2 Frühlingszwiebeln
Olivenöl
1 EL Mehl
200 ml Sahne
2 EL Frischkäse
1 Gemüsebrühwürfel
Salz, Pfeffer aus der Mühle
Muskatnuss
Schnittlauch
150 g geriebener Bergkäse

14 - Kohlrabi-Gratin

Zubereitung

Kohlrabis in dünne Scheiben schneiden und ca. 7 Minuten in kochendem Salzwasser garen, abgießen und etwas auskühlen lassen.

Eine Auflaufform mit Olivenöl einfetten, die Kohlrabischeiben fächerartig darin anrichten, salzen, pfeffern und mit Muskatnuss würzen.

Knoblauch hacken, Frühlingszwiebeln und Schnittlauch in Ringe schneiden.
In einer kleinen Pfanne etwas Olivenöl erhitzen. Knoblauch und Frühlingszwiebeln darin glasig braten. Mehl einstreuen und anbräunen. Unter dauerndem Rühren mit Sahne ablöschen.
Brühwürfel und Frischkäse unterrühren, Gewürze und Schnittlauch hinzufügen.
Es sollte eine dickliche Sauce entstanden sein. Eventuell noch etwas Kohlrabikochwasser hinzufügen.
Die Sauce über die Kohlrabis gießen.
Mit geriebenem Käse bestreuen.

Bei 200 Grad im vorgeheizten Backofen überbacken bis der Käse goldgelb ist.

Empfehlung: zu Schweine-und Rinderbraten, Kurzgebratenem

Zutaten

Teigzutaten:

250 g Mehl

1 Ei

1 EL Olivenöl

1/4 TL Salz

125 ml Wasser

15 - Krautstrudel

Füllung:

1 Knoblauchzehe

1 cm Chilischote

1 Zwiebel

1 rote Paprikaschote

500 g Weißkohl

1 große Karotte

Olivenöl

150 ml Gemüsebrühe

Salz, Paprikapulver süß

150 ml Sauerrahm

1 EL frisch geriebene Zitronenschale

Krautstrudel dient nicht nur als Beilage zu allen Fleischgerichten, er ist auch als Hauptspeise nicht verachtenswert.

Zubereitung

Mehl mit Ei, Olivenöl, Salz und lauwarmen Wasser so lange kneten, bis ein glatter Teig entstanden ist. Diesen mit einem Tuch bedeckt ca. 30 Minuten ruhen lassen.

In der Zwischenzeit Knoblauch und Chili hacken, Zwiebel klein würfeln und Paprika in kleine Streifen schneiden, Weißkraut fein hobeln und Karotte raspeln.

In einer Pfanne etwas Olivenöl erhitzen, Zwiebel, Knoblauch und Chili darin glasig braten. Paprika, Kraut und Karotte hinzufügen und 5 Minuten mit braten.
Mit Gemüsebrühe aufgießen und so lange garen, ca. 10 Minuten, bis alle Flüssigkeit verdampft ist. Mit Salz und Paprika abschmecken.
Pfanne vom Herd nehmen und Inhalt auskühlen lassen. Sauerrahm und Zitronenschale unter die Füllung rühren.

Strudelteig auf einem leicht bemehlten Backpapierbogen so dünn wie möglich ausrollen.
Die abgekühlte Krautmischung darauf verteilen, dabei an den Rändern ca. 2 cm frei lassen.
Den Teig mit Hilfe des Backpapiers aufrollen. Die Enden des Strudels zusammendrücken. Strudel auf ein mit Backpapier ausgelegtes Backblech, mit der Naht nach unten legen.
Strudel mit Olivenöl bestreichen und in den vorgeheizten Backofen schieben.

Bei 180 Grad ca. 40 bis 45 Minuten backen.

Empfehlung: zu Rinder-oder Schweinebraten, Lendchen, Steaks

Zutaten

400 g Butterkürbis (vorbereitet gewogen)
100 g durchwachsener Räucherspeck
12 Walnüsse
Olivenöl
Butter
1 Knoblauchzehe
1-2 cm rote Chilischote
1/2 Zwiebel
Salz, Pfeffer aus der Mühle
Petersilie
etwas Weißwein

16 - Kürbis mit Räucherspeck und Walnüssen

Zubereitung

Knoblauch, Chili und Petersilie hacken, Zwiebel würfeln, Räucherspeck in 1 cm breite Streifen schneiden.
Walnüsse knacken und in grobe Stücke teilen.
Die Schale des Kürbisses entfernen, das Fleisch in Stifte schneiden.

Etwas Butter und Olivenöl in eine Pfanne geben, Speck und Knoblauch darin glasig braten, Kürbis hinzufügen und so lange braten bis er weich ist.
Nüsse einstreuen und nochmals 2-3 Minuten braten, mit Weißwein ablöschen, salzen, pfeffern, Petersilie darüber streuen und servieren.

Empfehlung: zu Putenfleisch, Kaninchen, Schnitzel, Koteletts, Steaks

17 - Linsenschnitten

Zutaten

300 g rote Linsen
600 ml Gemüsebrühe
1 Zwiebel
1-2 Knoblauchzehen
Olivenöl
1 Ei
2 EL Milch
2 EL Mehl
Petersilie
Kardamom, Zimt, Nelken
Kreuzkümmel, Koriander
Salz, schwarzer Pfeffer

Zubereitung

Zwiebel und Knoblauch sehr klein schneiden.
In einem Topf etwas Olivenöl erhitzen, Zwiebel und Knoblauch darin glasig braten, die Gewürze zugeben und kurz mit braten, so dass sie ihren vollen Duft entfalten.

Mit Gemüsebrühe aufgießen und Linsen dazu geben. Bei geringer Hitzezufuhr ca. 20 Minuten köcheln lassen. Falls noch nicht alle Flüssigkeit aufgesogen ist, diese abgießen. Linsen etwas abkühlen lassen.

Linsen in einen Mixer geben, Ei, Milch, Mehl und Petersilie dazu geben und pürieren. Mit Salz und Pfeffer abschmecken.
Diese Farce in eine eingeölte Kastenform füllen. Mit Alufolie abdecken.

Im vorgeheizten Backofen bei 200 Grad ca. 45 Minuten backen, die letzten 15 Minuten ohne Alufolie. Aus dem Ofen nehmen, und etwas abkühlen lassen. Auf eine Platte stürzen und in Scheiben geschnitten servieren.

Empfehlung: zu Braten, Lammfleisch, Gulasch

18 - Mangold oder Blattspinat

Zutaten

800 g Mangold oder Blattspinat
3-4 Schalotten
1 Knoblauchzehe
Salz, Pfeffer aus der Mühle
Muskatnuss
etwas geriebener Parmesankäse
Olivenöl

Zubereitung

Mangold verlesen und die Blätter in reichlich Salzwasser fast garkochen, abgießen, etwas abkühlen lassen und in Streifen schneiden.

In der Zwischenzeit, Schalotten und Knoblauch fein hacken, Parmesankäse reiben.

In einer Pfanne etwas Olivenöl erhitzen und Schalotten und Knoblauch darin glasig braten, Mangold dazugeben und etwas mit braten. Mit Salz, Pfeffer und Muskatnuss abschmecken. Den Mangold mit Parmesankäse bestreut servieren.

Das Rezept kann mit Mangold oder mit Blattspinat gleichermaßen zubereitet werden.

Empfehlung: zu Fleisch und Fischgerichten jeglicher Art

Mangold und Spinat, gesundes Gemüse in frischem Grün mit vielen wertvollen Inhaltsstoffen

Zutaten

500 g Maronen

2 EL Butter

80 g Zucker

100 ml Portwein

100 ml Gemüsebrühe

Salz

1 Prise Zimt

19 - Glasierte Maronen

Zubereitung

Maronen mit einem scharfen Messer auf der gewölbten Seite über Kreuz einritzen. Wasser in einem Topf zum Kochen bringen, salzen und die Maronen hineingeben. Ein paar Minuten kochen lassen, bis die Schale aufgeplatzt ist, abgießen und die Schalen entfernen.

In einer Pfanne, Butter mit Zucker unter Rühren karamellisieren. Geschälte Maronen hinzufügen und etwas mit braten, mit Portwein und Gemüsebrühe ablöschen. Einen Deckel auf die Pfanne legen und die Maronen gar köcheln, bis sie schön weich sind. Mit Salz und Zimt abschmecken. Falls noch zu viel Flüssigkeit vorhanden ist, eventuell mit Speisestärke binden.

Empfehlung: in der Weihnachtszeit zu Gänsebraten, Rind-oder Lammfleisch

glasierte Maronen, eine feine winterliche Beilage, oder einfach am Abend zum Knabbern

Zutaten

1 kg rote und gelbe Paprikaschoten
1 Gemüsezwiebel
2 Flaschentomaten ohne Kerne
2 Knoblauchzehen
2 EL Tomatenmark
200 ml Gemüsebrühe
Salz, Pfeffer aus der Mühle
½ TL Zucker
Paprikapulver
2 EL Balsamico-Essig
Olivenöl

20 - Paprikagemüse

Zubereitung

Tomaten im heißen Wasserbad häuten. Zwiebel, Paprika und Tomaten grob würfeln, Knoblauch hacken.

In einem großen Topf etwas Olivenöl erhitzen und Zwiebelwürfel mit Knoblauch darin glasig braten.
Paprikawürfel dazugeben und unter Rühren ebenfalls mit braten. Zwiebel und Paprika sollten ihre Farbe behalten und nicht braun werden.
Tomatenmark hinzufügen und mit Gemüsebrühe aufgießen. Mit Salz, Pfeffer und Zucker würzen und bei geschlossenem Topf ca. 10-15 Minuten köcheln, die Paprika sollte noch einen leichten Biss aufweisen.
Tomatenwürfel unter die Paprika rühren und nochmals ca. 2 Minuten köcheln.
Mit Paprikapulver und Balsamico-Essig abschmecken und entweder sofort heiß servieren oder lauwarm reichen.

Empfehlung: zu Geflügel, Steaks, Kurzgebratenem, Grillfleisch

21 - Gegrillte Paprikaschoten

Zutaten

je 2 rote, grüne und gelbe Paprikaschoten
1-2 Knoblauchzehen
Petersilie, Basilikum
Meersalz
roter Balsamico-Essig
Olivenöl

Zubereitung

Paprikaschoten halbieren und entkernen. Mit den Schnittflächen nach unten, auf einem mit Backpapier ausgelegtem Backblech in den Backofen schieben, Grilleinstellung, und so lange grillen, bis die Haut anfängt Blasen zu werfen und schwarz zu werden.

In der Zwischenzeit, Knoblauch hacken, Petersilie grob schneiden und Basilikum in Stücke zupfen.

Blech aus dem Ofen nehmen, Paprika etwas abkühlen lassen und häuten.
Die einzelnen Stücke nochmals teilen. In eine Schale legen, salzen, mit Knoblauch und den Gewürzen bestreuen, Balsamico-Essig darüber träufeln und zum Schluss mit Olivenöl marinieren.

Mindestens eine Stunde durchziehen lassen, aber auch gerne am Vortag schon zubereiten.

Empfehlung: zu Huhn, Grillgerichten, Kurzgebratenem

Zutaten

500 g Pfifferlinge (oder Mischpilze)

2 Schalotten

1 Knoblauchzehe

Salz, Pfeffer aus der Mühle

Petersilie

Butter

22 - Pfifferlinge oder Mischpilze

Zubereitung

Pfifferlinge putzen und falls sie nicht zu groß sind, besser im Ganzen lassen, ansonsten einmal längs durchteilen.
Schalotten, Knoblauch und Petersilie hacken.

In einer Pfanne etwas Butter erhitzen, darin Schalotten und Knoblauch glasig braten, Pfifferlinge dazu geben, salzen und einen Deckel aufsetzen.
So einige Minuten garen, bis die Pfiffer weich sind. Mit Pfeffer abschmecken, Petersilie aufstreuen und servieren.

Das Rezept kann ebenso gut auch mit Mischpilzen (Foto) zubereitet werden.

Empfehlung: zu Wildgerichten, Braten, Grillgerichten, Kurzgebratenem

23 - Pilz-Soufflé

Zutaten

150 g Champignons
1-2 Knoblauchzehen
Petersilie, Majoran
2 TL Zitronensaft
Butter
50 g Mehl
450 ml Milch
4 Eier
Salz, Pfeffer aus der Mühle

Zubereitung

Knoblauch, Petersilie und Majoran hacken.

In einer Pfanne etwas Butter erhitzen, Knoblauch darin glasig braten.
Champignons je nach Größe, vierteln oder halbieren, hinzufügen und ca. 5 Minuten braten bis alle Flüssigkeit verdampft ist.
Zitrone hinein träufeln, gehackten Majoran und gehackte Petersilie dazugeben, nochmals umrühren und beiseitestellen.

Etwas Butter in einer zweiten Pfanne erhitzen, Mehl hinein streuen und eine feine Mehlschwitze herstellen, unter Rühren Milch langsam angießen und solange rühren, bis eine dickliche weiße Sauce entstanden ist. Vom Herd nehmen und etwas abkühlen lassen.

Eier trennen, Eiweiße sehr steif schlagen.
Eidotter gleichmäßig in die weiße Sauce rühren, Champignons untermischen und zum Schluss das steife Eiweiß unterheben.

Feuerfeste Förmchen einfetten und mit der Soufflémasse bestücken.

Die Förmchen in den Ofen schieben und bei 200 Grad ca. 10-15 Minuten backen, bis die Soufflés aufgegangen und innen gar sind.

Empfehlung: zu Lendchen, Rindersteaks, Wildgerichten

24 - Rosenkohl mit Speckwürfelchen

Zutaten

500 g Rosenkohl
100 g durchwachsener Räucherspeck
Salz, Pfeffer aus der Mühle
Butter

Rosenkohl begleitet von knusprigem Speck, eine herzhafte, gesunde Beilage

Zubereitung

Rosenkohlröschen unten am Strunk über Kreuz einschneiden, die äußere Blätterschicht entfernen und entsorgen.
Röschen im Salzwasser garkochen, nicht zu weich, so dass der Rosenkohl noch etwas Biss hat, abgießen und abtropfen lassen.

Räucherspeck in Würfel schneiden.

In einer Pfanne etwas Butter zerlassen und die Speckwürfel darin auslassen.
Rosenkohl hinzufügen und darin schwenken, salzen, pfeffern und zusammen servieren.

Empfehlung: zu Pute, Gans, Schwein und Rind

Zutaten

1 kleiner Kopf Rotkraut
Salz, Zucker
etwas Rotweinessig
Nelken, Wachholderbeeren
1 Prise Zimt
1 kleine Zwiebel
1-2 Äpfel
1-2 EL Johannisbeergelee
Schweineschmalz

Rotkraut mit Äpfeln, ein farbenfrohes Wintergemüse, empfehlenswert zu allen Wildgerichten

25 - Rotkraut mit Äpfeln

Zubereitung

Rotkraut auf der Küchenreibe oder in der Küchenmaschine hobeln, Zwiebel klein schneiden, Äpfel schälen und würfeln.

In einem Topf etwas Schweineschmalz erhitzen, Zwiebelwürfel darin glasig braten, Kraut hinzufügen und mit allen Gewürzen nach Geschmack würzen, etwas Essig angießen. Eventuell noch etwas Wasser hinzufügen.
Apfelstückchen zum Kraut geben und alles bei geringer Hitzezufuhr gar köcheln bis der Kohl weich ist, dabei gelegentlich umrühren. Zum Schluss mit Johannisbeergelee abschmecken.

Anstatt von Äpfeln können auch gut Ananas verwendet werden.

Empfehlung: zu Gänsebraten, Wildgerichten, Rind-und Schweinefleisch

Zutaten

500 g Schalotten
Olivenöl
1 EL Zucker
1/4 Würfel Gemüsebrühe
Salz, Paprika, Ingwer, Kardamom
1 Döschen roter Safran

26 - Safran-Schalotten

Zubereitung

Etwas Olivenöl in einer Pfanne erhitzen. Geschälte Schalotten hineingeben und braten, bis sie etwas Farbe zeigen.
Zucker über die Schalotten streuen und diese unter gelegentlichem Wenden karamellisieren. Schalotten salzen, Brühwürfel mit 2 Esslöffeln Wasser hinzufügen. Deckel auf die Pfanne setzen und garen bis die Schalotten weich sind. Mit Paprika, Ingwer und Kardamom würzen und Safran dazu geben. Nochmals kurz aufkochen, dann sofort servieren.

Man kann die Schalotten auch mit gelbem Safran zubereiten, dann nehmen sie eine schöne gelbe Farbe an.

Empfehlung: zu Lammgerichten, Wild und Rind

27 - Spargel mit Gemüsehaube

Zutaten

1 kg Spargel
1 Karotte
1 Stange Sellerie
100 g braune Champignons
Salz
1 Prise Zucker
50 g Butter
Petersilie

zarter Spargel in Kombination mit Wurzelgemüse und Champignons

Zubereitung

Spargel schälen, in Salzwasser bissfest kochen, abgießen und abtropfen lassen.

In der Zwischenzeit Karotte, Sellerie und Champignons klein schneiden, Petersilie hacken.

In einer Pfanne etwas Butter zerlassen und das geschnittene Gemüse darin andünsten, bis es bissfest ist. Mit Salz und Zucker abschmecken, vom Herd nehmen und die restliche Butter unterrühren.

Spargelstangen auf einer Vorlegeplatte anrichten und mit der Gemüse-Butter-Mischung und Petersilie dekorieren.

Die Beilage kann warm genossen werden oder mit einer Marinade aus weißem Balsamico-Essig, Salz, Zucker und Olivenöl beträufelt werden und so als kalte Beilage gereicht werden.

Empfehlung: zu Bratwürsten, Steaks, Grillgerichten und Kurzgebratenem

eine kalorienarme gesunde Beilage für alle Liebhaber von Maisgries und Spinat

Zubereitung

Spinatblätter waschen und Knoblauchzehe schälen.
Beides in einem Topf in einem Esslöffel Butter andünsten, salzen. Spinat solange dünsten, bis er zusammengefallen ist. Knoblauchzehe entfernen. Spinat fein hacken.

Wasser mit Milch zum Kochen bringen. Maismehl langsam unter Rühren einrieseln lassen, salzen und den Spinat dazu geben. Unter ständigem Rühren den Maisbrei fertig kochen bis alle Flüssigkeit aufgesogen ist.
In den fertigen Brei, den zweiten Esslöffel Butter und Parmesankäse einrühren und sofort servieren.

Empfehlung: zu Würsten, gekochtem Fleisch, Lamm-und Kaninchengerichten, Rindfleisch

28 - Spinat-Polenta

Zutaten

400 g frischer Spinat
2 EL Butter
1 Knoblauchzehe
Salz
400 ml Wasser
100 ml Milch
150 g Polentamehl (Maismehl)
1 EL geriebener Parmesankäse

29 - Gefüllte Tomaten

Zutaten
8 mittelgroße Tomaten

Füllung:
8 EL Semmelbrösel
3 EL geriebener Parmesankäse
3 EL geriebener Käse (leicht schmelzend)
Petersilie, Basilikum, Origano
Salz, Pfeffer aus der Mühle
Olivenöl

sonnengereifte Tomaten, fantasievoll gefüllt und im Ofen überbacken

Zubereitung

Tomaten horizontal halbieren, Kerne und Innenwände entfernen und innen salzen. Die Tomaten auf die Schnittfläche stellen, so dass das überflüssige, sich noch bildende Wasser ablaufen kann.

In der Zwischenzeit Petersilie, Basilikum und Origano hacken.
Semmelbrösel und die beiden Käsesorten mit Kräutern, Salz und Pfeffer vermengen. So viel Olivenöl hinzufügen, dass sich eine feine, weiche Paste bildet, die aber noch konsistent bleibt.

Paste in die Tomaten füllen, so dass sich oben kleine Häubchen bilden. Die gefüllten Tomatenhälften in eine geölte Auflaufform setzen.

Bei 180 Grad im Backofen ca. 30 Minuten gratinieren.

Empfehlung: zu Grillgerichten und Kurzgebratenem

Zutaten

3-4 Fleischtomaten
3-4 Päckchen Mozzarella
100 g herzhafter, geriebener Käse zum Überbacken
Salz, Pfeffer aus der Mühle
Olivenöl
Basilikum-Blättchen

30 - Tomate-Mozzarella überbacken

der italienische Klassiker, im Ofen überbacken

Zubereitung

Tomaten halbieren, entkernen und in Scheiben schneiden, Mozzarella ebenfalls in Scheiben schneiden.

Eine Auflaufform einölen, Tomaten und Mozzarella im Wechsel schuppenartig in die Form schichten, salzen, pfeffern und mit Olivenöl beträufeln. Geriebenen Käse darauf verteilen.

Im vorgeheizten Backofen bei 220 Grad ca. 20 Minuten überbacken, herausnehmen und mit Basilikum-Blättchen garniert servieren.

Empfehlung: zu Grillgerichten, Steaks, Frittiertem

31 - Wirsing-Püree

Zutaten

500 g Wirsing
50-100 g Sellerieknolle
50-100 g Petersilienwurzel
½ l Gemüsebrühe
1 Lorbeerblatt
Salz
1-2 EL Butter
50 g geriebener Pecorino

junger pürierter Wirsing, geschmackvoll und harmonisch abgestimmt, mit Parmesankäse bestäubt serviert

Zubereitung

Wirsing in Blätter teilen und grob schneiden, Sellerie und Petersilienwurzel in kleine Stücke schneiden.

Wirsing, Sellerie und Petersilienwurzel zusammen in einem Topf in Gemüsebrühe mit dem Lorbeerblatt garkochen. Abgießen, dabei die Gemüsebrühe auffangen und das Lorbeerblatt entfernen.

Wirsing und Gemüse mit einem Pürierstab pürieren, mit Salz abschmecken. Butter und Pecorino unterrühren und noch so viel von der Brühe angießen, dass ein feines Püree entsteht.

Empfehlung: zu Würsten, gekochtem Fleisch, Schweinebraten und Pute

Zutaten

500 g kleine Zucchini
1 Knoblauchzehe
½ Zwiebel
50 ml Gemüsebrühe
50-100 ml Sahne
Salz, Pfeffer aus der Mühle
italienische
Kräutermischung
Olivenöl
1 EL geriebener
Parmesankäse

32 - Zucchini mit Sahne

Zubereitung

Zucchini in Scheiben schneiden, Zwiebel würfeln und Knoblauch hacken.

In einem Topf etwas Olivenöl erhitzen, Zwiebelchen und Knoblauch darin glasig braten, Zucchini dazugeben und etwas mit braten.
Mit Gemüsebrühe aufgießen und salzen. Topf mit Deckel verschließen und die Zucchini bissfest garen.
Sahne angießen und die Gewürze hinzufügen. Nochmals kurz aufkochen und sofort, mit etwas Parmesankäse bestreut, servieren.

Empfehlung: zu Fischgerichten, Lamm, Gegrilltem

33 - Gefüllte Zwiebeln

Zutaten

8 Gemüsezwiebeln
8 dünn geschnittene Scheiben magerer Speck

Füllung:
2 Kartoffeln
50 g Parmesankäse
1 Knoblauchzehe
100 g Crème fraîche
100 g Frischkäse mit Kräutern
Salz, Pfeffer aus der Mühle
Rosmarin
Olivenöl

Zubereitung

Zwiebeln häuten und in einem Topf in Salzwasser ca. 15-20 Minuten, je nach Größe, kochen, herausnehmen, etwas abkühlen lassen. Das obere Viertel der Zwiebeln abschneiden, die Zwiebeln aushöhlen, so dass außen noch ca. 2-3 Zwiebel-Schichten stehen bleiben.

In der Zwischenzeit, Kartoffeln schälen und fein würfeln, Parmesankäse reiben.
Den abgetrennten Zwiebelteil und das Zwiebelinnere fein hacken, ebenso Knoblauch und Rosmarin.
In einer Pfanne etwas Olivenöl erhitzen und darin Kartoffeln, Knoblauch, gekochte Zwiebeln und Rosmarin kurz braten, vom Feuer nehmen und Crème fraîche, Frischkäse, sowie Parmesankäse unterrühren, salzen und pfeffern.

Die Zwiebeln mit dieser Masse füllen und mit den Speckscheiben umwickeln. Diese mit Zahnstochern befestigen. Die Zwiebeln in eine geölte Auflaufform setzen.

Im Backofen bei 200 Grad ca. 35-40 Minuten schmoren.

Empfehlung: zu Lendchen, Grillgerichten, Steaks, Rind-und Lammfleisch

Inhalt alphabetisch

Weitere bisher erschienene Werke von Petra Müller:

Roman

Ciao amore, come stai? (Roman mit authentischem Hintergrund)

Petras Kochbücher
als Druckversion und als e-books

Petras Pasta, Pizza & Spezialitäten
Fleischgerichte alla Petra
Petras Salat-Variationen
Kuchen & Torten alla Petra
Petras süße Versuchungen
Petras vegetarische Küche
Fisch & Meeresfrüchte alla Petra
Petras Weihnachtsbäckerei
Aufläufe & Gratins alla Petra
Suppen & Eintöpfe alla Petra

Impressum

Verfasser: Petra Müller
Neukirchner Str. 27, 91623 Sachsen

Graphische Gestaltung: Petra Müller

1.Auflage: 2016

Printed in Poland
by Amazon Fulfillment
Poland Sp. z o.o., Wrocław

36011856R00025